APRESENTAÇÃO

"A morte da mariposa" é um dos ensaios clássicos de Virginia Woolf. Publicado postumamente, foi escrito no fim de sua vida, em meio à Segunda Guerra Mundial. No entanto, nada no ensaio faz referência explícita à guerra. Não há menção aos campos de extermínio que eram construídos não muito longe de onde morre a mariposa observada por Virginia. Mas, sendo Virginia quem é, sabemos que é isso o que corre por baixo das suas palavras e que vem à superfície em uma ou outra frase que nos deixa atônitos. Os esforços da mariposa para sustentar a vida são como os esforços dos seres humanos: esplêndidos, dignos, mas também patéticos, dignos de pena. A mesma sina que se avizinha para a mariposinha cor de feno "poderia, se quisesse, submergir uma cidade inteira, e não apenas uma cidade, mas massas de seres humanos".

Talvez, então, o que ainda comova nesse ensaio breve seja exatamente a resistência. Pois "A morte da mariposa" não trata tanto do fim de um inseto (aparentemente insignificante), mas da sua luta incansável. Da sua dignidade de insistir na vida mesmo diante de um poder que o ultrapassa – e que até pode subjugá-lo, mas ao qual ele entregará tudo aquilo que tem. Nesse sentido, o ensaio ecoa temas caros a Virginia, para quem as coisas mínimas da vida guardam em si algo de esplêndido. O aspecto implacável de forças como a natureza, o tempo ou a guerra, que a todos toma e destrói, vem contrastado com a ternura da nossa (aparentemente insignificante) existência. Existe algo muito maior do que nós e nosso tempo diminuto de vida: não importa se somos homens, mulheres, peixes ou mariposas. Mas isso não nos detém em dias amenos de setembro. Não impede que dancemos no pequeno quadrado de vidraça que nos cabe.

ANA CAROLINA MESQUITA

A MORTE
DA MARIPOSA

As mariposas que voam de dia não deveriam ser propriamente chamadas de mariposas; não despertam a agradável sensação de noites escuras de outono e flor de hera que as mais comuns, adormecidas na sombra da cortina, sempre despertam em nós. São criaturas híbridas, nem alegres como as borboletas, nem sombrias como as da sua própria espécie. No entanto, esse espécime aqui presente, de estreitas asas cor de feno com bordas franjadas da mesma cor, parecia satisfeito com a vida. Era uma manhã agradável de meados de setembro, amena e benigna, mas com uma brisa mais cortante do que a dos meses de verão. O arado já sulcava o campo em frente à janela e, onde antes estivera sua lâmina, a terra se via aplainada, brilhando úmida. Um tal vigor vinha em ondas dos campos e da colina mais além, que era difícil manter os olhos presos no livro. As gralhas também se agitavam em uma das suas festividades anuais; sobrevoavam as copas das árvores em círculos, como se uma vasta rede com milhares de nós pretos tivesse sido lançada pelos ares e, depois de uns instantes, afundado devagar sobre as árvores, até termos a impressão de que na ponta de cada um dos ramos havia um nó. Então, de repente, a rede voltava a ser atirada aos ares, dessa vez num círculo maior, com clamor e vociferação extremos, como se ser lançada pelos ares e em seguida se acomodar aos poucos no topo das árvores fosse uma experiência tremendamente empolgante.

A mesma energia que inspirava as gralhas, os lavradores, os cavalos e até mesmo, assim parecia, as colinas de costas nuas, fazia a mariposa esvoaçar de um lado para o outro no seu quadrado da vidraça. Era impossível afastar os olhos. Sem dúvida, tínhamos consciência de um estranho sentimento de pena por ela. As possibilidades de prazer naquela manhã pareciam tão gigantescas e tão diversas, que contar apenas com o quinhão de vida que cabe a uma mariposa – e a uma mariposa diurna, ainda por cima – parecia ser um duro destino, e o entusiasmo que ela sentia em aproveitar ao máximo as suas oportunidades minguadas, ridículo. Voou vigorosamente até um canto do seu compartimento e, depois de aguardar ali por um instante, voou para outro. Que lhe restava, senão voar a um terceiro canto e então a um quarto? Era tudo o que podia fazer, apesar do tamanho das colinas, da amplidão do céu, da fumaça das casas ao longe e da voz romântica, vez ou outra, de um vapor no mar. Fazia o que podia. Observando-a, era como se tivessem enfiado uma fibra da enorme energia do mundo, finíssima, mas pura, naquele corpo frágil e diminuto. Sempre que ela cruzava a vidraça, eu imaginava que um fio de luz vital se tornava visível. Não era nada, ou quase nada, além de vida.

No entanto, por ser tão pequena, e uma forma tão simples da energia que ondeava pela janela aberta e se infiltrava em tantos corredores estreitos e intricados do meu cérebro e do de outros seres humanos, havia nela qualquer coisa ao mesmo tempo maravilhosa e patética. Era como se alguém tivesse arrancado uma minúscula gota de pura vida e a enfeitado muitíssimo de leve com penugem e penas, depois a enviado para dançar e ziguezaguear, a fim de nos mostrar a verdadeira natureza da vida. Diante de tal manifestação, não se podia dominar o sentimento de estranheza. Tendemos a nos esquecer completamente da vida vendo-a tão curvada e amassada e decorada e assoberbada, que deve se mover com a maior circunspeção e dignidade. Mais uma vez, a ideia do que poderia ter sido toda aquela vida caso tivesse vindo ao mundo sob qualquer outra forma nos levava a ver as atividades simples da mariposa com uma espécie de pena.

Depois de um tempo, aparentemente cansada de sua dança, acomodou-se no peitoril da janela sob o sol, e, tendo o estranho espetáculo chegado ao fim, dela me esqueci. Então, quando levantei a vista, ela atraiu o meu olhar. Tentava continuar sua dança, mas parecia tão rígida ou tão desajeitada que só conseguia esvoaçar até a parte de baixo da vidraça, e quando tentava voar até o outro lado, fracassava. Estando envolvida em outros assuntos, observei sem pensar aquelas tentativas inúteis por algum tempo, inconscientemente esperando que ela voltasse a voar, tal como se espera que uma máquina que parou por um momento comece de novo a funcionar sem se pensar no motivo da falha. Após talvez uma sétima tentativa, ela deslizou da borda de madeira e, agitando as asas, caiu de costas no parapeito da janela. Ocorreu-me que ela estava em dificuldades; já não conseguia mais se levantar; suas pernas lutavam em vão. Mas, quando lhe estendi um lápis, querendo ajudá-la a se recompor, percebi que o fracasso e a falta de jeito eram a morte se aproximando. Tornei a abaixar o lápis.

As pernas se agitaram mais uma vez. Olhei em torno, como se procurasse o inimigo contra o qual ela lutava. Olhei lá fora. O que acontecera ali? Supostamente era meio-dia, e o trabalho nos campos cessara. A imobilidade e o silêncio haviam substituído a animação anterior. Os pássaros tinham ido se alimentar nos córregos.

Os cavalos permaneciam imóveis. Contudo, o poder continuava ali, acumulado lá fora, indiferente, impessoal, sem se importar com nada em particular. De certa maneira opunha-se à pequena mariposa cor de feno. Inútil tentar qualquer coisa. Só se podia observar os esforços extraordinários das perninhas minúsculas contra uma sina que se avizinhava e que poderia, se quisesse, submergir uma cidade inteira, e não apenas uma cidade, mas massas de seres humanos: nada, eu sabia, tinha a menor chance contra a morte. No entanto, após uma pausa de exaustão, as pernas se agitaram mais uma vez. Esse último protesto foi esplêndido, e tão frenético que ela conseguiu afinal se aprumar. Nossas simpatias, obviamente, estavam do lado da vida. Além do mais, uma vez que não havia ninguém para se importar com ele ou testemunhá-lo, aquele esforço descomunal por parte de uma mariposinha insignificante em conservar algo que ninguém mais valorizava ou desejava manter, contra uma força de tal magnitude, era estranhamente comovedor. Novamente, de algum modo, o que se via era a vida: uma gota pura. Ergui o lápis mais uma vez, mesmo sabendo ser inútil. Mas, no instante mesmo em que o fazia, os sinais da morte se mostraram. O corpo relaxou e de imediato se enrijeceu. A luta terminara. A criaturinha insignificante conhecia agora a morte. Ao olhar a mariposa morta, esse instante de uma força tão imensa prestes a triunfar contra um antagonista tão cruel me encheu de assombro. Assim como a vida fora estranha instantes antes, a morte era agora tão estranha quanto. A mariposa, agora aprumada, jazia serena com grande decência e sem se queixar. Ah sim, parecia dizer, a morte é mais forte do que eu.

NOTA SOBRE A TRADUTORA

Ana Carolina Mesquita, tradutora, é doutora em Letras pela Universidade de São Paulo (USP) e autora da tese que envolveu a tradução e análise dos diários de Virginia Woolf. Foi pesquisadora visitante na Columbia University e na Berg Collection, em Nova York, onde estudou modernismo britânico e trabalhou com os manuscritos originais dos diários. É dela também a tradução do ensaio "Um esboço do passado", publicado pela Editora Nós em 2020.

INTRODUCTION

"The death of the moth" is one of Virginia Woolf's classic essays. Published posthumously, it was written at the end of her life, in the midst of World War II. However, nothing in it makes explicit reference to the war. There is no mention of the extermination camps that were being built not so far from where the moth observed by Virginia dies. Nevertheless, being Virginia who she is, we know that this is what runs underneath her words, that this is what is brought to the surface in sentences that astonish us. The moth's efforts to sustain life are similar to those of human beings: splendid and noble, however pathetic and pitiful. The same fate that lies ahead for the hay-colored moth could, "had it chosen, have submerged an entire city, not merely a city, but masses of human beings".

Perhaps, then, what is still deeply moving in this brief essay is the aspect of resistance. For "The death of the moth" is not so much about the end of an (apparently insignificant) insect, but about its indefatigable struggle. Its dignity to insist on life, despite a power that surpasses him, and that can even subdue him – but to which he will surrender all he has got within himself. In that sense, the essay echoes themes that are dear to Virginia, for whom the trifling things in life bear a kind of splendor. The relentless aspect of forces such as nature, time or war, that takes and destroys us all, is here contrasted with the tenderness of our (apparently insignificant) existence. Something much larger than us and our diminished life spans subsists, whether we are men, women, fish, or moths. But it does not stop us on mild September days. It does not prevent us from dancing, in the tiny square of windowpane that belongs to us.

ANA CAROLINA MESQUITA

THE DEATH OF
THE MOTH

Moths that fly by day are not properly to be called moths; they do not excite that pleasant sense of dark autumn nights and ivy-blossom which the commonest yellow-underwing asleep in the shadow of the curtain never fails to rouse in us. They are hybrid creatures, neither gay like butterflies nor sombre like their own species. Nevertheless the present specimen, with his narrow hay-coloured wings, fringed with a tassel of the same colour, seemed to be content with life. It was a pleasant morning, mid-September, mild, benignant, yet with a keener breath than that of the summer months. The plough was already scoring the field opposite the window, and where the share had been, the earth was pressed flat and gleamed with moisture. Such vigour came rolling in from the fields and the down beyond that it was difficult to keep the eyes strictly turned upon the book. The rooks too were keeping one of their annual festivities; soaring round the tree tops until it looked as if a vast net with thousands of black knots in it had been cast up into the air; which, after a few moments sank slowly down upon the trees until every twig seemed to have a knot at the end of it. Then, suddenly, the net would be thrown into the air again in a wider circle this time, with the utmost clamour and vociferation, as though to be thrown into the air and settle slowly down upon the tree tops were a tremendously exciting experience.

The same energy which inspired the rooks, the ploughmen, the horses, and even, it seemed, the lean bare-backed downs, sent the moth fluttering from side to side of his square of the window-pane. One could not help watching him. One was, indeed, conscious of a queer feeling of pity for him. The possibilities of pleasure seemed that morning so enormous and so various that to have only a moth's part in life, and a day moth's at that, appeared a hard fate, and his zest in enjoying his meagre opportunities to the full, pathetic. He flew vigorously to one corner of his compartment, and, after waiting there a second, flew across to the other. What remained for him but to fly to a third corner and then to a fourth? That was all he could do, in spite of the size of the downs, the width of the sky, the far-off smoke of houses, and the romantic voice, now and then, of a steamer out at sea. What he could do he did. Watching him, it seemed as if a fibre, very thin but pure, of the enormous energy of the world had been thrust into his frail and diminutive body. As often as he crossed the pane, I could fancy that a thread of vital light became visible. He was little or nothing but life.

Yet, because he was so small, and so simple a form of the energy that was rolling in at the open window and driving its way through so many narrow and intricate corridors in my own brain and in those of other human beings, there was something marvellous as well as pathetic about him. It was as if someone had taken a tiny bead of pure life and decking it as lightly as possible with down and feathers, had set it dancing and zig-zagging to show us the true nature of life. Thus displayed one could not get over the strangeness of it. One is apt to forget all about life, seeing it humped and bossed and garnished and cumbered so that it has to move with the greatest circumspection and dignity. Again, the thought of all that life might have been had he been born in any other shape caused one to view his simple activities with a kind of pity.

After a time, tired by his dancing apparently, he settled on the window ledge in the sun, and, the queer spectacle being at an end, I forgot about him. Then, looking up, my eye was caught by him. He was trying to resume his dancing, but seemed either so stiff or so awkward that he could only flutter to the bottom of the window-pane; and when he tried to fly across it he failed. Being intent on other matters I watched these futile attempts for a time without thinking, unconsciously waiting for him to resume his flight, as one waits for a machine, that has stopped momentarily, to start again without considering the reason of its failure. After perhaps a seventh attempt he slipped from the wooden ledge and fell, fluttering his wings, on to his back on the window sill. The helplessness of his attitude roused me. It flashed upon me that he was in difficulties; he could no longer raise himself; his legs struggled vainly. But, as I stretched out a pencil, meaning to help him to right himself, it came over me that the failure and awkwardness were the approach of death. I laid the pencil down again.

The legs agitated themselves once more. I looked as if for the enemy against which he struggled. I looked out of doors. What had happened there? Presumably it was midday, and work in the fields had stopped. Stillness and quiet had replaced the previous animation. The birds had taken themselves off to feed in the brooks. The horses stood still. Yet the power was there all the same, massed outside indifferent, impersonal, not attending to anything in particular. Somehow it was opposed to the little hay-coloured moth.

It was useless to try to do anything. One could only watch the extraordinary efforts made by those tiny legs against an oncoming doom which could, had it chosen, have submerged an entire city, not merely a city, but masses of human beings; nothing, I knew, had any chance against death. Nevertheless after a pause of exhaustion the legs fluttered again. It was superb this last protest, and so frantic that he succeeded at last in righting himself. One's sympathies, of course, were all on the side of life. Also, when there was nobody to care or to know, this gigantic effort on the part of an insignificant little moth, against a power of such magnitude, to retain what no one else valued or desired to keep, moved one strangely. Again, somehow, one saw life, a pure bead. I lifted the pencil again, useless though I knew it to be. But even as I did so, the unmistakable tokens of death showed themselves. The body relaxed, and instantly grew stiff. The struggle was over. The insignificant little creature now knew death. As I looked at the dead moth, this minute wayside triumph of so great a force over so mean an antagonist filled me with wonder. Just as life had been strange a few minutes before, so death was now as strange. The moth having righted himself now lay most decently and uncomplainingly composed. O yes, he seemed to say, death is stronger than I am.

ABOUT THE TRANSLATOR

Ana Carolina Mesquita, a translator, holds a doctorate in Literature Studies at Universidade de São Paulo (USP). Her thesis consisted of the analysis and translation of Virginia Woolf's diaries into Brazilian Portuguese. She was a visiting researcher at Columbia University and at the Berg Collection, in New York, where she furthered her studies on British modernism and worked on the manuscripts of Woolf's diaries. Mesquita also translated Woolf's "A Sketch of The Past" into Brazilian Portuguese (Editora Nós, 2020).

Dados Internacionais de Catalogação na Publicação (CIP)
de acordo com ISBD

W913m
Woolf, Virginia
   A morte da mariposa / Virginia Woolf
   Título original: *The death of the moth*
   Tradução: Ana Carolina Mesquita
   Edição bilíngue: português e inglês
   São Paulo: Editora Nós, 2021
   48 pp.

ISBN: 978-65-86135-27-5

1. Literatura inglesa. 2. Ensaio.
I. Mesquita, Ana Carolina. II. Título.

2021-1524   CDD 823   CDU 821.111

Elaborado por Vagner Rodolfo da Silva, CRB-8/9410

Índice para catálogo sistemático:
1. Literatura inglesa 823
2. Literatura inglesa 821.111

Todos os direitos desta edição
reservados à Editora NÓS
www.editoranos.com.br

© Editora NÓS, 2021

Direção editorial *Editorial Coordination*
SIMONE PAULINO
Assistente editorial *Editorial Assistant*
JOYCE DE ALMEIDA
Projeto gráfico *Graphic Design*
BLOCO GRÁFICO
Assistente de design *Design Assistant*
STEPHANIE Y. SHU
Preparação *Copydesk*
ANA LIMA CECILIO
Revisão *Proofreading*
ALEX SENS

Imagem de capa e pp. 24–25:
© Alamy Stock Photo

1ª reimpressão, 2022

Texto atualizado segundo o novo
Acordo Ortográfico da Língua Portuguesa.

Fontes *Typefaces*
GALAXIE COPERNICUS, TIEMPOS
Papel *Paper*
PÓLEN BOLD 90 g/m²
Impressão *Printing*
MAISTYPE